Mein schönstes Weihnachtsbuch

– Geschichten in Großdruckschrift –
Lieder mit Noten, Backen, Basteln und Gedichte

Bilder von
Marion Krätschmer

Texte von
Ernst Anschütz, Berti Breuer-Weber, Heidi Bock, Lilly Börsch, Karl Enslin,
Johann Daniel Falk, Heinrich Hoffmann von Fallersleben, Friedrich Güll,
Ute Haderlein, Wilhelm Hey, Lieselotte M. Hallmeier, Heinrich Hoffmann,
Johannes Mohr, Christoph von Schmid, Theodor Storm

EGMONT PESTALOZZI VERLAG, MÜNCHEN

O Tannenbaum

1. O Tannenbaum, o Tannenbaum, wie treu sind deine Blätter. Du grünst nicht nur zur Sommerszeit, nein, auch im Winter, wenn es schneit! O Tannenbaum, o Tannenbaum, wie treu sind deine Blätter.

2. O Tannenbaum, o Tannenbaum,
du kannst mir sehr gefallen!
Wie oft hat nicht zur Weihnachtszeit
ein Baum von dir mich hocherfreut!
O Tannenbaum, o Tannenbaum,
du kannst mir sehr gefallen!

3. O Tannenbaum, o Tannenbaum,
dein Kleid will mich was lehren:
Die Hoffnung und Beständigkeit
gibt Trost und Kraft zu jeder Zeit.
O Tannenbaum, o Tannenbaum,
dein Kleid will mich was lehren.

Nuss-Säcklein

Wer will mir mit seinen Backen
diese dreißig Nüsse knacken?
Beißt nur, dass die Schale kracht,
doch nehmt auch den Kern in Acht!
Welcher Kopf hat keine Nase?
Welche Stadt hat keine Straße?
Welcher Laden hat keine Türe?
Welches Netz hat keine Schnüre?
Welcher Flügel hat keine Feder?
Welche Mühle hat keine Räder?
Welcher Mantel hat keinen Kragen?
Welcher Bauer hat keinen Wagen?
Welches Wasser hat keine Quelle?
Welcher Schneider hat keine Elle?
Welcher Hut hat keinen Rand?
Welcher König hat kein Land?
Welche Nadel hat kein Öhr?
Welche Mühle hat kein Wehr?
Welches Pferd hat keinen Huf?
Welcher Hahn hat keinen Ruf?
Welches Pflaster hat keinen Stein?
Welcher Stern hat keinen Schein?
Welches Schiff hat keinen Mast?
Welcher Baum hat keinen Ast?
Welches Fass hat keinen Spund?
Welches Haus hat keinen Grund?
Welcher Mann hat keine Frau?
Welcher Fuchs hat keinen Bau?
Welcher Schimmel hat keinen Stall?
Welche Büchs' gibt keinen Knall?
Welche Glocke gibt keinen Schall?
Welcher Ball tut keinen Fall?
Welche Jungfer trägt kein Geschmeid'?
Welcher Mann hat nie ein Kleid?
So, nun beißt und knackt gescheit!

Lösungen:

Briefkopf
Bettstadt
Rollladen
Straßennetz
Konzertflügel
Mühlespiel
Trauermantel
Vogelbauer
Regenwasser
Aufschneider
Fingerhut
Zaunkönig
Stecknadel
Windmühle
Heupferd
Wasserhahn
Heftpflaster
Ordensstern
Weberschiff
Mastbaum
Salzfass
Vogelhaus
Hampelmann
Pferd
Schimmelpilz
Nadelbüchse
Käseglocke
Maskenball
Wasserjungfer
Schneemann

Der müde kleine Weihnachtsengel

Engelchen Sarah schnappt sich gerade seinen Korb, als ihre Puppe ruft: „Nanu? Wozu brauchen wir den? Gehen wir heute etwa einkaufen?" Da schwärmt Sarah: „Aber nein! Heute ist ein großer Tag für uns! Wir dürfen auf die

Erde fliegen und die Wunschzettel der Kinder einsammeln! Fast ein Jahr habe ich mich auf dieses wichtige Ereignis gefreut. Weißt du", erklärt sie der Puppe weiter, „nur wenige Engel werden dazu auserwählt. Die meisten arbeiten hier in der Himmelswerkstatt und basteln Geschenke oder schrubben die Sterne blank!"

„Achtung, Sarah!", ertönt plötzlich eine Stimme von hinten. Sarah dreht sich um und kann in letzter Sekunde noch einem Wasserstrahl entkommen. „Entschuldigung", ruft ein Engelchen, „ich habe beim Sterneputzen nicht aufgepasst und bin gegen den Eimer gestoßen!"

„Du hast es gut", beneidet ein anderer Engel Sarah, „am liebsten würde ich dich auf deinem Flug zur Erde begleiten! Merk dir nur genau, was du erlebst, damit du uns nachher alles ausführlich erzählen kannst!" – „Versprochen!", ruft Sarah und fliegt weiter.

Wenig später trifft sie die zwei Oberengel Rebekka und Magnus. Ihnen hat Sarah es zu verdanken, dass sie dieses Jahr auserwählt wurde. „Na, Sarah, bist du schon aufgeregt vor deinem ersten Flug zur Erde?", fragt Rebekka. „Wahnsinnig!", gibt das kleine Engelchen zu und muss gähnen. „Ich habe heute Nacht kein Auge zugemacht!" – „Du schaffst das schon!", sagt Magnus lachend und zwinkert ihr zu. „Wir wünschen dir einen guten Flug und grüß unsere

Freunde auf der Erde schön!" Frohen Mutes flattert Sarah davon, doch schon nach kurzer Zeit merkt sie, dass ihre Flügel immer langsamer schlagen. „Komisch", ruft sie, „mein Korb kommt mir auf einmal so schwer vor, dabei ist noch gar nichts drin! Uah, und ich bin ja sooo müde! Am liebsten würde ich mich jetzt in ein schönes, gemütliches Wolkenbett legen und ein kleines Nickerchen machen!"

„Ich bin auch ziemlich müde", erzählt die Puppe, „heute Nacht hast du mich immer so fest an dich gedrückt, dass ich kaum Luft bekommen habe. Sieht die Wolke dort nicht kuschelig aus?" – „Ja", antwortet Sarah, „lass uns eine kleine Pause einlegen und danach geht es gleich weiter zur Erde!"

Doch schon nach wenigen Minuten schlafen der Engel und seine Puppe tief und fest. Sie träumen von den vielen Kindern, die ihnen strahlend ihre Wunschzettel überreichen.

Etwa zur gleichen Zeit befinden sich die Oberengel Rebekka und Magnus auf ihrem Kontrollflug. Doch an diesem Tag merken sie schon bald, dass keiner der Engel in Schwierigkeiten steckt: Die meisten sind mit Weihnachtsvorbereitungen beschäftigt und arbeiten eifrig.

Beruhigt kehren sie auf ihre Heimatwolke zurück und Rebekka ruft: „Sag mal, Magnus, was machen wir denn eigentlich heute den ganzen Tag?"

Als der Engel nur mit den Schultern zuckt, fährt Rebekka fort: „Ich habe da eine Idee! Was hältst du davon, wenn wir auch auf die Erde fliegen? Die kleine Sarah hat heute

Morgen so ängstlich gewirkt, sollten wir nicht kontrollieren, ob alles in Ordnung ist?"

„Hmm, meinst du? Sarah schafft das schon!", brummt Magnus zuerst, aber dann willigt er ein: „Du hast Recht.

Wir sollten wirklich mal nachsehen! Und außerdem waren wir schon so lange nicht mehr auf der Erde, vielleicht wird es ja ein schöner Ausflug für uns!"

Schon bald darauf erreichen die zwei Engel die Erde. „Wo fliegen wir denn als Erstes hin?", fragt Rebekka.

„Fangen wir doch im Kindergarten an zu suchen", antwortet Magnus, „da gibt es viele Wunschzettel zu holen. Es kann ja sein, dass Sarah dort mit dem Einsammeln begonnen hat!"

Im Kindergarten herrscht ein buntes Treiben. Alle basteln eifrig Geschenke für ihre Eltern und Freunde. „Hier geht es fast zu wie in unserer Himmelswerkstatt!", staunt Magnus.

Die beiden Engel drücken ihre Nasen an die Fensterscheiben und schauen den Kindern neugierig zu.

„Ist meine Kasperlefigur nicht hübsch geworden?", hören sie einen Jungen fragen. „Die ist für meine kleine Schwester!" – „Das hast du toll gemacht", lobt ihn die Kindergärtnerin.

Rebekka und Magnus sehen sich lächelnd an. „Es war wirklich eine gute Idee von dir, auf die Erde zu fliegen!", sagt Magnus. „Es macht richtig Spaß, die Kinder zu beobachten! Aber von Sarah ist keine Spur zu entdecken!"

„Komisch", wundert sich Rebekka, „die Wunschzettel sind noch nicht abgeholt! Was das wohl zu bedeuten hat?"

„Es ist wohl am besten, wenn wir die Zettel gleich mitnehmen!", meint Magnus und fängt an, sie aufzusammeln. Dann ziehen die Engel weiter, um in der nächsten Stadt nach Sarah zu suchen.

Unterwegs überfliegen die beiden noch viele verschiedene Stationen: zahlreiche Kaufhäuser und Läden, ein Kinderheim und viele Dörfer und Kirchen.

Aber von Sarah fehlt jede Spur und auch die Wunschzettel liegen noch unberührt auf den Dächern. „Das gibt's doch nicht!", sagt Rebekka kopfschüttelnd und hebt sie auf. „Langsam fange ich an, mir Sorgen zu machen!"

Kurz bevor sie die nächste Stadt erreichen, ruft Magnus plötzlich: „Oh, wie schön! Schau mal, Rebekka, da unten!" Neugierig blickt der Engel zur Erde: Unter ihnen liegt ein verschneiter Hügel, auf dem sich unzählige Kinder tummeln.

„Lass uns hier eine kleine Pause einlegen!", sagt Rebekka. „Au ja!", stimmt Magnus begeistert zu. Schon sitzen sie auf zwei verschneiten Bäumen und beobachten von dort aus die Kinder.

„Aus dem Weg!", gibt ein Snowboarder an. „Ihr seid viel zu langsam!" Auf der anderen Hangseite landet ein Skifahrer mit lautem Plumps! im Schnee. „Hilfe, ich kann nicht mehr bremsen!", ruft der Junge auf dem Schlitten hinter ihm und mit lautem Geschrei purzelt auch er von seinem Gefährt.

„Kannst du Sarah erkennen?", ruft Magnus zu Rebekka hinüber. „Nein, nirgends!", antwortet sie. „Lass uns woanders

weitersuchen!" – "Gut", antwortet Magnus und streift sich den Schnee von den Flügeln. "Wie wäre es, wenn wir uns irgendwo aufwärmen? Mir ist inzwischen ganz schön kalt geworden!"

Die Engel müssen nicht lange fliegen, da entdecken sie einen Weihnachtsmarkt. „Oh, ist der schön!", staunt Rebekka. „Komm, wir lassen uns in der Nähe einer Würstchenbude nieder, da ist es gemütlich warm!"

„Ich verstehe das einfach nicht", fängt Magnus an. „Wir sind inzwischen fast alles abgeflogen, und noch immer haben wir die kleine Sarah nicht gefunden!" – „Und die vielen Wunschzettel hat sie scheinbar auch nicht mitgenommen!", fügt Rebekka hinzu. „Meinst du, ihr ist etwas zugestoßen? Oder hat sie sich vielleicht verlaufen?"

Magnus runzelt die Stirn: „Ich weiß es nicht. Vielleicht war Sarah doch etwas zu jung, um allein auf die Erde zu fliegen ..." Die Engel rätseln noch immer über Sarahs Verschwinden, als sie plötzlich eine Stimme hören: „Mami! Mami! Da-da-da! Sieh doch nur, dort ist ein Engel!"

Magnus läuft es kalt über den Rücken. Der kleine Junge auf dem Schlitten deutet direkt auf ihn. Dabei ist es doch eine Grundregel aller Engel, sich niemals den Menschen zu zeigen! „Schnell, versteck dich hinter der Bude!", ruft Rebekka ihm zu. In Windeseile duckt sich Magnus.

Kurze Zeit später atmet er erleichtert auf, als er die Mutter des Jungen sagen hört: „Wo denn? Ich kann keinen entdecken! Du siehst mal wieder Gespenster, Jan!"

„Puh! Das ist ja gerade noch einmal gut gegangen", ruft

Rebekka und fliegt zu Magnus hinüber. „Komm, lass uns jetzt aufbrechen, bevor uns noch jemand bemerkt. Außerdem müssen wir so schnell wie möglich in den Himmel zurückfliegen, um Hilfe zu holen. Je mehr Engel

19

nach Sarah Ausschau halten, desto früher werden wir sie finden!"

Atemlos kommen die Engel im Himmel an. „Puh, war das anstrengend!", stöhnt Magnus. „Ich wusste gar nicht, dass du so schnell fliegen kannst, Rebekka!" Doch die hört ihn nicht. Zielstrebig steuert sie auf die Heimatwolke zu, aber plötzlich hält sie inne: „Nanu, was war denn das? Das gibt's doch gar nicht!", ruft sie und fliegt wieder ein paar Meter zurück. Magnus folgt ihr verwundert. Da! – jetzt sieht er es auch: Auf der kleinen Wolke vor ihnen liegt das Engelchen Sarah und schläft tief und fest! „Zum Glück haben wir sie gefunden!", sagt Rebekka erleichtert. „Aber was hat sie nur die ganze Zeit gemacht? Ihr Korb ist leer!" „Am besten, wir fragen sie selbst!", antwortet Magnus und weckt die Kleine vorsichtig auf.

„Hmmm ... was ist denn los?", sagt Sarah noch ganz benommen. Doch als sie Rebekka und Magnus erkennt, setzt sie sich auf und ruft entsetzt: „Wie spät ist es? Oje, oje, ich muss doch dringend auf die Erde! Die Wunschzettel, oh nein, ich muss sie alle einsammeln!" – „Das haben wir für dich schon erledigt!", beruhigt Rebekka sie lächelnd.

Sarah seufzt: „Ich schäme mich so, dass ich verschlafen habe! Dabei hatte ich mich so auf meine Aufgabe gefreut!"

„Sei nicht traurig", tröstet Rebekka, „das kann jedem einmal

passieren! Und wenn du möchtest, darfst du im nächsten Jahr einen Engel auf seinem Flug zur Erde begleiten!"
„Wirklich?", fragt Sarah ungläubig. Da fangen ihre Augen wieder an zu strahlen ...

Morgen, Kinder, wird's was geben

1. Mor-gen, Kin-der, wird's was ge-ben, mor-gen wer-den wir uns freun! Welch ein Ju-bel, welch ein Le-ben wird in un-serm Hau-se sein! Ein-mal wer-den wir noch wach, hei-ßa, dann ist Weih-nachts-tag!

2. Wie wird dann die Stube glänzen
von der großen Lichterzahl,
schöner als bei frohen Tänzen
ein geputzter Kronensaal.
Wisst ihr noch vom vor'gen Jahr,
wie's am Weihnachtsabend war?

3. Welch ein schöner Tag ist morgen!
Viele Freuden hoffen wir;
unsre lieben Eltern sorgen
lange, lange schon dafür.
O gewiss, wer sie nicht ehrt,
ist der ganzen Lust nicht wert!

Schmuck für dein Fenster

Transparentstern

Dazu brauchst du:
16 Rechtecke aus Transparentpapier in der Größe 18 x 10 cm, Schere, Klebestift, Tesafilm

Falte jedes Rechteck einmal längs und klappe es wieder auf. Nun faltest du alle vier Ecken bis zu dem entstandenen Knick und zwei davon nochmals bis zur Mitte (siehe Skizze!). Befestige die gefalteten Ecken mit Tesafilm und klebe alle Teile wie auf dem unteren Bild zusammen. Diesen Stern kannst du dann an dein Fenster kleben.

Am Weihnachtsmorgen

Als der frühe Morgen graut
und durchs kleine Fenster schaut,
da erwachen beide schon
und die Mutter sieht den Sohn,
der noch eben krank gewesen,
heiter, blühend und genesen.
Hundertfacher Kerzenschein
füllt das kleine Zimmerlein.
Und in herrlicher Verklärung
glänzt die prächtige Bescherung.
Alles hat in später Nacht
hier der Engel hergebracht;
Weihnachtsbaum in vollem Prangen,
wunderherrlich ausgeschmückt
und mit allem reich behangen,
was nur Aug' und Herz entzückt,
da ist auch der Struwwelpeter
und der lustige Trompeter;
Nüsseknacker steht dabei,
Hanselmänner sind es zwei,
Arche Noah und ein Hahn,
Häuser, Kirch' und Baum daran,
und daneben auf der Erd'
steht sogar das Schaukelpferd.

25

Josef, lieber Josef mein

1. Josef, lieber Josef mein, hilf mir wieg'n mein Kindelein! Gott, der wird dein Lohner sein im Himmelreich, der Jungfrau Sohn, Maria.

2. Gerne, liebe Maria mein,
helf ich dir wiegen dein Kindelein.
Gott, der wird mein Lohner sein
im Himmelreich, der Jungfrau Sohn, Maria.

Weihnachtsbäckerei

Was wäre Weihnachten ohne den herrlichen Duft der guten Plätzchen, der schon einige Wochen vor dem Fest durch die Wohnung zieht? Unsere Vorfreude erwacht spätestens in dem Augenblick, in dem die Mutter das erste Blech mit fertig gebackenen Plätzchen aus dem Herd zieht.

Am schönsten ist es, wenn du mithelfen oder gar alleine backen darfst. Das ist gar nicht so schwer, und im Notfall hilft die Mutter ja. Versuch doch mal das folgende Rezept!

Lebkuchen

Lebkuchen backen ist eine lustige Sache, denn man kann aus dem Teig alle möglichen Figuren formen. Zunächst musst du die Zutaten bereitstellen:

1 kg Mehl
750 g Bienenhonig
60 g Butter
150 g gemahlene Nüsse
20 g Pottasche
10 g Hirschhornsalz
2 Eier
2 Esslöffel Milch
1 Teelöffel Nelken (gemahlen)
1 1/2 Teelöffel Zimt

Erhitze Butter, Zucker und Honig in einer Schüssel und lass die Masse danach abkühlen. Ist es soweit, dann kommen Mehl, Nüsse, Gewürze und Eier hinein. Löse die Pottasche und das Hirschhornsalz in der Milch auf und gib alles in den Teig. Nun knetest du den Teig kräftig mit den Händen und lässt ihn schließlich über Nacht stehen.

Am nächsten Tag rollst du ihn 1/2 cm bis 3/4 cm dick aus.

Vorher solltest du auf Pappe die Figuren vormalen, die du backen möchtest, und sie ausschneiden. Diese Figuren lege nun auf den Teig und schneide sie entlang ihren Umrissen aus. Lege die Teigfiguren auf ein eingefettetes Blech und backe sie im vorgeheizten Backofen bei 200 Grad 15 bis 20 Minuten lang.

Für den Zuckerguss brauchst du:

1 Eiweiß
250 g Puderzucker

Verquirle das Eiweiß etwas und verrühre es mit dem Puderzucker zu einer dicken, zähen Masse. Forme aus Pergamentpapier eine Tüte und schneide die Spitze davon ab. In diese Tüte füllst du nun den Zuckerguss und malst damit die schönsten Muster auf die abgekühlten Lebkuchen. Zur Verzierung nimm Mandeln und Liebesperlen!

Lasst uns froh und munter sein

1. Lasst uns froh und munter sein und uns recht von Herzen freun. Lustig, lustig, traleralera, bald ist Niklausabend da, bald ist Niklausabend da.

2. Dann stell ich den Teller auf,
Niklaus legt gewiss was drauf.

3. Wenn ich schlaf, dann träume ich:
Jetzt bringt Niklaus was für mich.

4. Wenn ich aufgestanden bin,
lauf ich schnell zum Teller hin.

5. Niklaus ist ein guter Mann,
dem man nicht g'nug danken kann.

Wer bastelt mit?

Glitzersterne

Du brauchst: Bunte Glasperlen und feinen Blumendraht. Du fädelst 12 Perlen auf und schließt einen Ring. Auf der Zeichnung siehst du, wie die Strahlen gemacht werden: Du fasst zwei oder drei Perlen auf und schiebst den Draht durch die ersten beiden Perlen zurück und durch eine Perle des Rings, dann fädelst du die nächsten auf und wiederholst das Ganze, bis zwischen allen Perlen des Ringes Strahlen hervorkommen.

Ein Zapfenmännlein

Es besteht aus einem Kiefernzapfen mit einer dicken Holzperle als Kopf. Das Gesicht ist aufgemalt. Die Haare sind aus Hanf, der Fuß ist ein Stück Garnrolle. Die spitze Zipfelmütze wurde aus Filz geklebt. Als Schal trägt das Männchen ein Stückchen buntes Band. Alle Teile wurden mit Alleskleber aneinandergeklebt.

Das Nussmännchen

Zeichne die Umrisse von Mantel, Mütze und Ärmel durch ein durchsichtiges Butterbrotpapier (bedenke, dass du den Ärmel doppelt brauchst!) und übertrage die Teile auf ein rotes Buntpapier. In den gelben Feldern siehst du genau, wie du das Kleidchen kleben und einschneiden musst. Dann klebst du das Nussköpfchen auf, dem du zuvor ein lustiges Gesicht gegeben hast. Der hübsche, weiße Bart besteht aus Watte, ebenso der Rand und die Bommel am Mützchen. Nun klebst du noch die Arme an und das Nussmännchen ist fertig.

Am Weihnachtsbaum die Lichter brennen

1. Am Weihnachtsbaum die Lichter brennen,
wie glänzt er festlich lieb und mild,
als spräch er: Wollt in mir erkennen
getreuer Hoffnung stilles Bild.

2. Zwei Engel sind hereingetreten,
kein Auge hat sie kommen sehn,
sie gehn zum Weihnachtstisch und beten
und wenden wieder sich zu gehn.

Weihnachts-
bäckerei

Bestimmt hast du inzwischen Gefallen am Plätzchenbacken gefunden! Hier ist ein ganz einfaches und schnelles Rezept.
Die Backröhre muss vorgeheizt werden. Stelle die Temperatur auf 150 Grad ein.

Wir backen Gewürztaler
Dazu brauchst du:
125 g Zucker, 125 g geriebene Mandeln oder Haselnüsse, 1/2 ungespritzte Zitrone, 1 Messerspitze Zimt, 1 Messerspitze Nelkenpulver, 1 Eiweiß

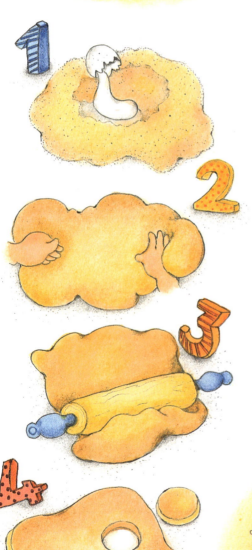

Alle Zutaten kommen auf ein großes Holzbrett. Die halbe Zitrone wäschst du und reibst ihre Schale über die anderen Zutaten. Alles zusammen knetest du dann mit den Händen zu einem Teig. Rolle ihn ziemlich dick aus. Mit runden Förmchen stichst du nun kleine Taler aus. Fette das Backblech ein und setze die Taler nebeneinander darauf. Nun kommen sie für 30 Minuten in die Backröhre.
Wenn sie fertig sind, nimmst du sie gleich (nicht mit den Fingern!) vom Blech und lässt sie auf einem Kuchenrost kalt werden.
Und dann lass sie dir schmecken!

Nikolaussprüche

Wer kommt denn da geritten?
Herr Wude Wude Nikolaus,
lass mich nicht lange bitten
und schüttel deinen Beutel aus.

Norddeutschland

Wo die Kinder folgen gern,
da bring ich Nuss und Mandelkern,
Äpfel, Birnen, Hutzeln und Schnitz
für den Hansl und Heiner,
für den Franzl und den Fritz.

Süddeutschland

Ich komm von weit,
hab nicht viel Zeit,
drum haltet Speis und Trank bereit.
Der Stern scheint blank,
ich bleib nicht lang,
behüt euch Gott,
habt schönen Dank.

England

Nikolaus, du frommer Mann,
komm mit deinem Schimmel an
und dem schwarzen Piet.
Alles, was man wünschen kann,
Spielzeug, Kuchen, Marzipan,
bring uns bitte mit.
Haben wir nicht recht getan,
so verzeih uns, heilger Mann,
Schimmelchen und Piet.

Westfalen

Lieber, guter Nikolaus,
lösch uns unsre Vieren aus,
mache lauter Einsen draus,
bist ein braver Nikolaus.

Berlin

Santi Niggi Neggi
hinterm Ofe steggi,
gim mer Nuss und Bire,
so köm i wieder fire.

Alemannisch

Niklaus, komm in unser Haus,
schütt dein goldig Säcklein aus,
stell den Esel an den Mist,
dass er Heu und Hafer frisst.

Hessen

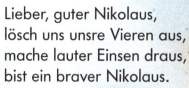

Ihr Kinderlein, kommet

1. Ihr Kin-der-lein, kom-met, o kom-met doch all'! Zur Krip-pe her kom-met in Beth-le-hems Stall! Und seht, was in die-ser hoch-hei-li-gen Nacht der Va-ter im Him-mel für Freu-de uns macht.

2. O seht in der Krippe im nächtlichen Stall,
seht hier bei des Lichtleins hell glänzendem Strahl
den lieblichen Knaben, das himmlische Kind,
viel schöner und holder als Engelein sind.

3. Da liegt es, ihr Kinder, auf Heu und auf Stroh,
Maria und Joseph betrachten es froh,
die redlichen Hirten knien betend davor,
hoch oben schwebt jubelnd der himmlische Chor.

39

Geschenke – hübsch verpackt

Jedes Geschenk macht noch mehr Freude, wenn es liebevoll verpackt ist.
Schlage dein Geschenk direkt in schönes Papier ein oder wähle je nach seiner Form eine geeignete Schachtel aus. Die kannst du dann einwickeln oder bekleben und mit einem bunten Band, einer Schleife oder sonstwie schmücken. Die folgenden Abbildungen geben dir hierzu ein paar Anregungen.

Wo bleibt denn nur der Weihnachtsmann

„Verstehst du das, Marie?", fragt der kleine Daniel seine Schwester. „Der Weihnachtsmann müsste doch schon längst hier sein!" – „Ja, stimmt", antwortet sie, „auch draußen ist er weit und breit nicht zu entdecken!"

„Hü, schneller!", treibt der Weihnachtsmann das Rentier an. „Wir müssen uns beeilen, wir sind spät dran! Die Kinder warten bestimmt schon!" Das Rentier nimmt den Weihnachtsmann beim Wort und rennt, so schnell es kann.

Plötzlich bringt ein kräftiger Windstoß den Schlitten ins Schlingern. „Haa-alt!", ruft der Weihnachtsmann dem Rentier zu. „Bleib stehen, sonst fallen die Geschenke raus!" Tatsächlich: Schon in der nächsten Kurve – schwupp! –

landen sie weit verstreut im verschneiten Wald. „Brrr! Anhalten! Wir haben die Päckchen verloren und ich will nicht auch noch aus dem Schlitten fallen!", jammert der Weihnachtsmann.

Endlich! Das Rentier kommt zum Stehen, schaut sich um und sagt dann entschuldigend: „Es tut mir Leid, aber ich habe nur das getan, was du mir zugerufen hast! Ich bin so schnell gerannt, wie ich konnte!" – „Schon gut", sagt der Weihnachtsmann, doch man sieht ihm an, wie verzweifelt er ist. „Was mache ich denn jetzt nur?", ruft er. „Die Kinder warten bestimmt ungeduldig auf ihre Geschenke! Aber mein Anhänger ist leer und alleine schaffe ich es nie, alles wieder einzusammeln!"

Als der Weihnachtsmann aufschaut, merkt er auf einmal, dass sich eine Menge Tiere um ihn versammelt haben: drei Kaninchen, ein Eichhörnchen, ein Wildschwein, ein Fuchs, mehrere Vögel und sogar eine Eule.

„Hallo!", begrüßt sie der Weihnachtsmann zaghaft. Einer der Vögel piepst: „Wir haben beobachtet, was passiert ist, und gehört, wie traurig du nun bist!" – „Und wir würden dir gerne helfen!", ergänzt ein Kaninchen. „Was hältst du davon, wenn wir uns in alle Richtungen verteilen und die Päckchen wieder in deinen Anhänger zurückbringen?", schlägt die Eule vor. „Und wenn wir uns alle beeilen",

44

folgert der schlaue Fuchs, „dann schaffst du es ja vielleicht noch, heute Abend die Geschenke zu den Kindern zu bringen!"

Der Weihnachtsmann ist sprachlos. „Das würdet ihr wirklich für mich tun?" – „Aber das ist doch selbstverständlich!", antworten alle Tiere im Chor.

Schon hört man das Wildschwein rufen: „Kaninchen, ihr kennt euch im Wald gut aus, fangt also dort an zu suchen. Der Fuchs und ich gehen Richtung Westen, und die Vögel fliegen das Gebiet ab und kontrollieren, ob wir auch nichts vergessen haben!"

Immer noch überrascht beobachtet der Weihnachtsmann, wie sich die Tiere in Windeseile in alle Richtungen verteilen, und schon ein paar Minuten später trudeln die ersten Geschenke ein.

Von da an hat der Weihnachtsmann alle Hände voll zu tun. Vorsichtig lädt er die Päckchen wieder in den Anhänger und versucht dabei, den Überblick zu behalten. Er murmelt: „Also, das ist die Modelleisenbahn für Jan, hier sind die Knieschoner für Marcel ... aber für wen war denn wohl dieses Geschenk gedacht?"

Als er es hochhebt, fällt es ihm wieder ein: „Puh, ist das schwer! Dann müssen das die Bücher für die kleine Leseratte Sophie sein!" – „So, ich glaube das waren die

letzten Päckchen", keucht das Vögelchen außer Atem. Doch dann fällt sein Blick auf ein Kaninchen: „Nanu! Was machst du denn da? Du wirst doch nicht etwa ein Geschenk auspacken?"

Erschrocken stottert das Kaninchen: „Ähm, naja ... ich dachte ... ähm!" Doch der Weihnachtsmann schmunzelt nur: „Das ist nicht so schlimm, pack es einfach wieder ein. Ihr habt mir sehr geholfen und ich verspreche euch, wenn ich das nächste Mal komme, bringe ich allen eine kleine Überraschung mit!" – „Juhu!", tönt es aus allen Ecken.

Der Weihnachtsmann bedankt sich nochmals, verabschiedet sich von den Tieren und macht sich dann schnell auf den Weg. Gut gelaunt stellt er fest, dass er gerade bei Einbruch der Dunkelheit in der Stadt eintreffen wird. Er überlegt: „Welche Kinder besuche ich denn zuerst?" Dann entscheidet er: „Ich denke, ich fange bei Marie und dem kleinen Daniel an."

Kurz vor der Stadt gibt der Weihnachtsmann dem Rentier ein Zeichen zum Anhalten. „Ich werde schon mal die Geschenke für die beiden raussuchen, damit nachher alles ganz schnell geht!", erklärt er. Er zieht Maries Päckchen aus dem Anhänger: „Ah, hier sind ihre Inline-Skates", murmelt er vor sich hin. „Aber wo habe ich Daniels Geschenk versteckt?"

Ungeduldig durchsucht er den ganzen Stapel. „Das gibt es doch gar nicht. Ich bin mir ganz sicher, dass ich den Lederfußball besorgt habe!" – „Dann müssen die Tiere das Päckchen im Schnee wohl übersehen haben!", röhrt das Ren zurück. „O nein! Was machen wir denn jetzt? Es ist doch schon dunkel! Da finden wir das Geschenk sicher nicht mehr ...", seufzt der Weihnachtsmann. „Wenn ich mir vorstelle, wie enttäuscht Daniel sein wird!"

„Wir müssen versuchen, es zu finden!", ruft das Rentier entschlossen.

So schnell wie möglich kehren die beiden zum Waldrand zurück. „Halt!", sagt der Weihnachtsmann. „Hier muss es gewesen sein, ich sehe noch die Abdrücke vom Anhänger im Schnee!"

Verzweifelt machen sich sie sich auf die Suche nach dem verlorenen Geschenk. „Nanu!", hört der Weihnachtsmann plötzlich eine Stimme neben sich rufen. „Was macht ihr denn noch hier? Ich dachte, ihr seid schon längst bei den Kindern in der Stadt?" – „Ach du bist's, die Eule", ruft der Weihnachtsmann erleichtert und erklärt ihr schnell die Situation.

„Ihr habt Glück, dass ihr mich getroffen habt", entgegnet die Eule, „denn ich bin ein Nachttier. Mit meinen Augen kann ich im Dunkeln ausgezeichnet sehen. Ich werde Daniels Geschenk finden!"

Die Eule hatte Recht: Schon nach ein paar Minuten kehrt sie mit dem Päckchen im Schnabel zurück. „Es lag etwas versteckt in einer Mulde, deswegen haben die Tiere es vorhin übersehen", erklärt sie.

Überglücklich bedankt sich der Weihnachtsmann schon zum zweiten Mal an diesem Tag. „Gern geschehen!", antwortet die Eule, „es freut mich, dass ich dir helfen konnte!"

und sie fliegt lautlos in die Nacht hinein. „Puh", stöhnt der Weihnachtsmann, „ohne unsere Freunde, die Tiere, wären wir dieses Jahr ganz schön aufgeschmissen gewesen!"

Das Rentier pflichtet ihm bei: „Stimmt! Wir sollten uns wirklich eine kleine Überraschung überlegen! Wie wär's, wenn wir morgen alle zu einer langen Schlittenfahrt einladen?"

„Ah! Das ist eine gute Idee, so machen wir's. Aber jetzt nichts wie los!", antwortet der Weihnachtsmann.

Schon bald erreichen die beiden den Stadtrand und von weitem sieht alles aus wie ein einziges Lichtermeer. Die Straßen sind hübsch geschmückt und wirken sehr festlich.

Kurz vor dem Haus von Daniel und Marie ruft der Weihnachtsmann: „Brrrr! Langsam! Wir müssen uns ganz vorsichtig nähern, die Kinder halten bestimmt schon nach uns Ausschau, aber sie dürfen uns auf keinen Fall bemerken!"

Tatsächlich! Als der Schlitten um die Ecke biegt, erkennt der Weihnachtsmann Marie und Daniel am Fenster. „Wie gut, dass das Wohnzimmer auf der anderen Seite des Hauses liegt!", denkt er sich.

Unbemerkt klettert der Weihnachtsmann durch das Fenster und legt die Geschenke unter den herrlich geschmückten Baum. „Wenn Daniel wüsste, welchen Trubel sein Geschenk bereitet hat!", brummt er. Plötzlich hört er

50

einen Riesenkrach: Rums! Die Katze war auf einen Karton mit Christbaumkugeln gesprungen. Schon hört der Weihnachtsmann, wie Stimmen vom Flur immer näher kommen. In letzter Sekunde schafft er es, aus dem Fenster zu springen. Da ruft auch schon jemand: „Oh, seht nur, der Weihnachtsmann war da!" Von draußen wirft er noch einmal einen Blick in das Wohnzimmer: Die zerbrochenen Kugeln sind fast vergessen!

„Ah! Der Baum sieht aus wie im Märchen!", hört der Weihnachtsmann Daniel rufen. „Alles ist so hell erleuchtet und festlich!", stimmt ihm Marie zu.

Nachdem alle gemeinsam ein Weihnachtslied gesungen haben, stürzen sich die Kinder begeistert auf ihre Päckchen. Mit Freude beobachtet der Weihnachtsmann, wie Daniels Augen zu glänzen anfangen, als er den Fußball auspackt. „Ein richtiger Lederfußball!", schreit er. „Papi, hast du gleich Lust auf ein Match?" – „Aber doch nicht jetzt!", entgegnet sein Vater und lacht. „Mami und ich wollen auch erst mal unsere Geschenke auspacken!"

„Oh, toll, ein Bild! Habt ihr das etwa selbst gemalt?", fragen die Eltern. Stolz antworten beide: „Aber sicher! Freut ihr euch?"

Doch die Antwort der Eltern geht in dem Jubelgeschrei von Marie unter: „Jippi! Ich habe richtige Inline-Skates bekommen! Schau doch mal, Daniel!", ruft sie und probiert sie gleich an.

Am liebsten hätte der Weihnachtsmann die Familie noch den ganzen Abend lang beobachtet, aber das Rentier

erinnert ihn: „Wir müssen weiter! Es warten noch so viele andere Kinder!"

„Du hast Recht!", seufzt der Weihnachtsmann und fragt: „Das war ein aufregendes Fest, findest du nicht auch?"

O du fröhliche

1. O du fröh-li-che, o du se-li-ge, gna-den-brin-gen-de Weih-nachts-zeit! Welt ging ver-lo-ren, Christ ward ge-bo-ren. Freu-e, freu-e dich, o Chris-ten-heit!

2. O du fröhliche, o du selige,
gnadenbringende Weihnachtszeit!
Christ ist erschienen,
uns zu versühnen:
Freue, freue dich, o Christenheit!

3. O du fröhliche, o du selige,
gnadenbringende Weihnachtszeit!
Himmlische Heere
jauchzen dir Ehre:
Freue, freue dich, o Christenheit!

In dulci jubilo

1. In dul-ci ju-bi-lo,— nun sin-get und seid froh!— Un-sers Her-zens Won-ne liegt in prae-se-pi-o,— leucht' hel-ler als die Son-ne, ma-tris in gre-mi-o.— Al-pha es et O,— Al-pha es et O.

2. Ubi sunt gaudia?
Nirgend mehr denn da.
Da die Engel singen
nova cantica,
und die Schellen klingen
in regis curia.
Eia, wärn wir da!

Weihnachtsbäckerei

Spitzbuben

Dazu brauchst du:

500 g gesiebtes Mehl
200 g Zucker
250 g Butter oder Margarine
1 Päckchen Vanillezucker
2 Eier
125 g geriebene Haselnüsse
etwas Marmelade
etwas Puderzucker

Mit dem Handmixer rührst du die Butter schaumig, gibst dann Zucker, Vanillezucker und die Eier dazu und verrührst alles. Nun kommen langsam das gesiebte Mehl und die gemahlenen Haselnüsse hinein. Jetzt musst du den Teig mit der Hand weiterkneten. Lege ihn dazu auf ein bemehltes Brett. Anschließend soll er 15 Minuten lang im Kühlschrank abkühlen. Danach rollst du ihn dünn aus, stichst sternförmige Plätzchen aus und legst diese auf ein gefettetes Backblech. Sie werden bei 200 Grad 15 Minuten lang gebacken. Schließlich klebst du davon je zwei mit der Marmelade zusammen und wälzt sie, wenn sie abgekühlt sind, in Puderzucker.

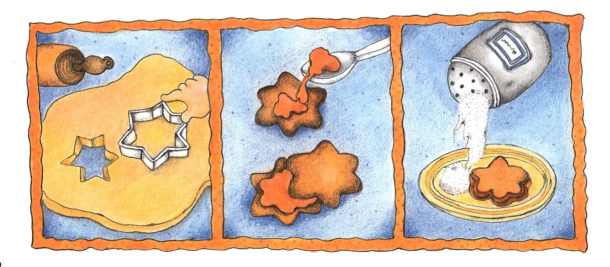

Wir basteln Weihnachtsschmuck

Hast du Lust, Gewürztaler zu basteln?

Gewürztaler sind sehr einfach zu basteln. Sie sind ein schöner Schmuck für den Weihnachtsbaum. Für einen Taler brauchst du:

2 gleich große, runde Scheiben aus Pappkarton von 5,5 cm Durchmesser
Klebstoff (aber keinen Klebestift!)
rote Kordel oder eine andere hübsche Schnur, 50 cm lang
grüne und weiße Erbsen, Linsen, Maiskörner, Wacholderbeeren, Reis,
kleine Nudeln, Sonnenblumenkerne usw.

Wähle aus deinen Gewürzen eine Sorte aus. Diese klebst du nebeneinander an den Rand einer Pappscheibe. Mit einer anderen Sorte klebst du dann einen weiteren Ring auf die Scheibe. Das führst du fort, bis die ganze Scheibe beklebt ist.

Du kannst mit den Gewürzen aber auch Muster kleben, z.B. sie sternförmig oder in Zickzacklinien anordnen. Vielleicht fällt dir auch selbst ein schönes Muster ein.

Wenn die beiden Scheiben ganz beklebt sind, klebst du sie mit den Rückseiten aneinander. Nun bestreichst du die Kanten mit Klebstoff und führst die Schnur oder die Kordel außen herum. Verknote sie an der Stelle, wo sich der Kreis schließt. Jetzt lässt du erst den Klebstoff trocknen.

Wenn es soweit ist, machst du noch einen Knoten in die oberen Enden der Schnur. Dein Taler ist fertig.

Ist er so schön geworden wie der auf diesem Bild? Oder vielleicht noch schöner?

Kommet, ihr Hirten

1. Kom-met, ihr Hir-ten, ihr Män-ner und Fraun, kom-met, das lieb-li-che Kind-lein zu schaun. Chris-tus, der Herr, ist heu-te ge-bo-ren, den Gott zum Hei-land euch hat er-ko-ren. Fürch-tet euch nicht!

2. Wahrlich, die Engel verkündigen heut
Bethlehems Hirtenvolk gar große Freud.
Nun soll es werden Friede auf Erden,
den Menschen allen ein Wohlgefallen.
Ehre sei Gott!

Knecht Ruprecht
(Theodor Storm 1817-1888)

Von drauß' vom Walde komm ich her;
ich muss euch sagen, es weihnachtet sehr!
Allüberall auf den Tannenspitzen
sah ich goldene Lichtlein sitzen
und droben aus dem Himmelstor
sah mit großen Augen das Christkind hervor.
Und wie ich so strolcht' durch den finstern Tann,
da rief's mich mit heller Stimme an:
„Knecht Ruprecht", rief es, „alter Gesell,
hebe die Beine und spute dich schnell!
Die Kerzen fangen zu brennen an,
das Himmelstor ist aufgetan,
Alt' und Junge sollen nun
von der Jagd des Lebens einmal ruhn;
und morgen flieg ich hinab zur Erden,
denn es soll wieder Weihnachten werden!"
Ich sprach: „O lieber Herre Christ,
meine Reise fast zu Ende ist;
ich soll nur noch in diese Stadt,
wo's eitel gute Kinder hat."
„Hast denn das Säcklein auch bei dir?"
Ich sprach: „Das Säcklein, das ist hier:
denn Äpfel, Nuss und Mandelkern
essen fromme Kinder gern."
„Hast denn die Rute auch bei dir?"
Ich sprach: „Die Rute, die ist hier;
doch für die Kinder nur, die schlechten,
die trifft sie auf den Teil, den rechten."
Christkindlein sprach: „So ist es recht!
So geh mit Gott, mein treuer Knecht!"

Von drauß' vom Walde komm ich her;
ich muss euch sagen, es weihnachtet sehr!
Nun sprecht, wie ich's hierinnen find!
Sind's gute Kind', sind's böse Kind'?

Leise rieselt der Schnee

1. Lei-se rie-selt der Schnee, still und starr ruht der See, weih-nacht-lich glän-zet der Wald: Freu-e dich, Christ-kind kommt bald!

2. In den Herzen wird's warm,
still schweigt Kummer und Harm,
Sorge des Lebens verhallt:
Freue dich, Christkind kommt bald!

3. Bald ist Heilige Nacht,
Chor der Engel erwacht,
hört nur, wie lieblich es schallt:
Freue dich, Christkind kommt bald!

Geschenke basteln und verpacken

Kerzenmanschette
Holzperlen und 2 cm große Filzscheiben werden abwechselnd auf einen Faden gezogen und zu einem Ring geschlossen. Als Manschette über eine Kerze gestreift, sieht das sehr hübsch aus.

Der Schneemann
eignet sich besonders gut als Verpackung für Kleingebäck.

Aus weißem Karton klebst du eine Rolle. An einem Ende schneidest du Zacken ein und biegst sie nach innen (Zeichnung 1). Jetzt schneidest du zwei gleich große, passende Pappscheiben aus. Eine klebst du an den Zacken fest – das ist der Boden. Die zweite Pappscheibe befestigst du mit einem Klebestreifen am oberen Ende der Rolle. Diesen aufklappbaren Deckel, den oberen Rand der Rolle und den Hutrand malst du schwarz an (Zeichnung 2). Aus Buntpapier schneidest du schwarze Augen und Knöpfe und eine rote Nase. Als Schal dient ein Streifen Seidenpapier.

Der Traum

Ich lag und schlief; da träumte mir
ein wunderschöner Traum:
Es stand auf unserm Tisch vor mir
ein hoher Weihnachtsbaum.

Und bunte Lichter ohne Zahl,
die brannten ringsumher;
die Zweige waren allzumal
von goldnen Äpfeln schwer.

Und Zuckerpuppen hingen dran;
das war mal eine Pracht!
Da gab's, was ich nur wünschen kann
und was mir Freude macht.

Und als ich nach dem Baume sah
und ganz verwundert stand,
nach einem Apfel griff ich da
und alles, alles schwand.

Da wacht' ich auf aus meinem Traum
und dunkel war's um mich.
Du lieber, schöner Weihnachtsbaum,
sag an, wo find ich dich?

Da war es just, als rief er mir:
„Du darfst nur artig sein,
dann steh ich wiederum vor dir;
jetzt aber schlaf nur ein!

Und wenn du folgst und artig bist,
dann ist erfüllt dein Traum,
dann bringet dir der heil'ge Christ
den schönsten Weihnachtsbaum."

Kling, Glöckchen, klingelingeling

1. Kling, Glöckchen, klingelingeling, kling, Glöckchen, kling.
Lasst mich ein, ihr Kinder, ist so kalt der Winter.
Öffnet mir die Türen, lasst mich nicht erfrieren.
Kling, Glöckchen, klingelingeling, kling, Glöckchen, kling.

2. ... Mädchen, hört, und Bübchen,
macht mir auf das Stübchen,
bring euch milde Gaben,
sollt euch dran erlaben.
Kling, Glöckchen ...

Weihnachtsbäckerei

Kokosmakronen

Für Kokosmakronen musst du zunächst eine Zitrone sorgfältig waschen und dann ihre Schale mit einem feinen Reibeisen abreiben. Stelle dir die Zutaten bereit:

250 g Kokosflocken
250 g Zucker
5 Eiweiß
abgeriebene Schale einer Zitrone

Rühre mit dem Handmixer das Eiweiß zu ganz steifem Schnee. Dann gib langsam den Zucker, die Kokosflocken und die abgeriebene Zitronenschale dazu und hebe alles vorsichtig darunter. Verteile nun Oblaten auf ein Backblech und setze auf jede einen Teelöffel von der Kokosmasse. Die Kokosmakronen werden bei 150 Grad 20 Minuten lang gebacken.

Vanillebusserl

Von den Makronen hast du 5 Eigelb übrig. Damit kannst du Vanillebusserl backen.
Du brauchst dazu:
5 Eigelb
2 Päckchen Vanillezucker
350 g Puderzucker

Rühre das Eigelb und den Zucker mit dem Handmixer sehr schaumig. Setze davon kleine Häufchen auf Oblaten und lass diese in der nur leicht warmen Backröhre trocknen.

Butterplätzchen

Und nun ein Rezept, bei dem du mit Förmchen alle möglichen Figuren ausstechen kannst. Wir backen Butterplätzchen.
Du brauchst dazu:
250 g Mehl
200 g Butter oder Margarine
100 g Zucker
1 Eigelb
1 Päckchen Vanillezucker
abgeriebene Schale einer halben Zitrone
(wie man das macht, steht beim Rezept für Kokosmakronen.)

Knete alle Zutaten auf einem Brett zu einem glatten Teig und stelle diesen eine halbe Stunde lang kalt. Danach rollst du ihn 3 Millimeter dick aus und stichst mit Förmchen Plätzchen aus, die du auf ein gefettetes Backblech legst. Vor dem Backen kannst du einen Teil mit Eigelb bestreichen – oder du lässt sie, wie sie sind, und verzierst sie nach dem Backen (200 Grad, 15 Minuten) mit einer Zuckerglasur.

Still, still

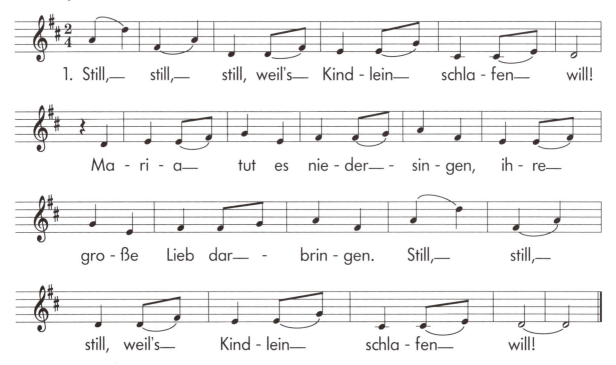

1. Still, still, still, weil's Kindlein schlafen will!
Maria tut es niedersingen, ihre große Lieb darbringen.
Still, still, still, weil's Kindlein schlafen will!

2. Schlaf, schlaf, schlaf,
mein liebes Kindlein, schlaf!
Die Engel tun schön musizieren,
bei dem Kindlein jubilieren.
Schlaf, schlaf, schlaf,
mein liebes Kindlein, schlaf!

Weihnachtsbastelei

Willst du einen lustigen Weihnachtsmann basteln?

Dann brauchst du:
2 rote Filzdreiecke, bei denen jede Seite 8,5 cm lang ist
1 roten und 2 schwarze Papierpunkte (die kann man mit einem Locher machen!)
1 Blatt weißes Papier
schwarzes Papier für den Schnurrbart
Klebstoff, Faden

Klebe die zwei Filzdreiecke aufeinander. Teil 2 paust du auf weißes Papier durch und schneidest es aus. In den unteren Halbkreis schneidest du Fransen für den Bart. Diesen Bart klebst du mitten in das Dreieck. Mit den Papierpunkten klebst du Augen und Nase. Den Schnurrbart paust du auf schwarzes Papier, schneidest ihn aus und klebst ihn in das Gesicht. Durch die Spitze des Hutes kommt nun der Faden. Jetzt kannst du den Weihnachtsmann an den Christbaum hängen.

Viel Arbeit fürs Christkind

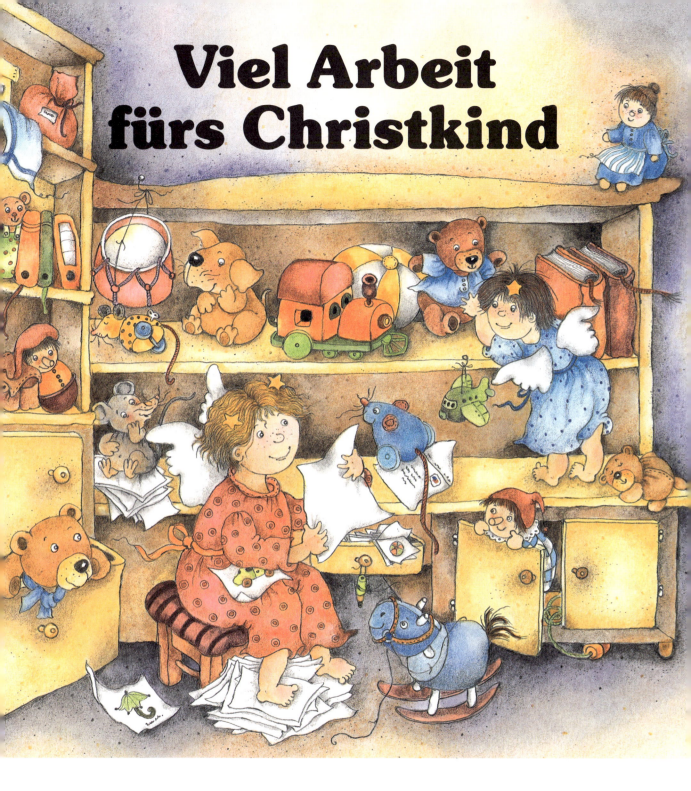

Am Tag vor Heiligabend kommt das Christkind in die Himmelswerkstatt geflogen. Schnell schnappt es sich den ersten Wunschzettel und ruft dem Engel zu: „Hallo, Rabea! Na, habt ihr es rechtzeitig geschafft, alle Weihnachtsgeschenke fertig zu basteln?" Noch bevor das Engelchen antworten kann, fängt das Christkind schon an, die Wunschzettel vorzulesen: „Wir brauchen einen Teddy für Tobias, eine Lokomotive für Laura, eine Trommel für Maximilian ..." – „Ja, ist alles da!", ruft Rabea stolz.

„Ihr Engel habt gute Arbeit geleistet", lobt das Christkind, „und wenn du möchtest, Rabea, darfst du zur Belohnung mit zur Erde fliegen und mir beim Geschenkeverteilen helfen!" – „Wirklich?", fragt der Engel und strahlt über das ganze Gesicht. „Ja", antwortet das Christkind, „aber zuerst müssen dafür die Rucksäcke gepackt werden. Lass uns gleich damit anfangen!"

Sorgfältig laden sie ein Geschenk nach dem anderen ein. Plötzlich klopft dem Christkind jemand auf die Schulter: „He, vergesst mich nicht!", trompetet es dann laut. Vor Schreck hätte das Christkind beinahe die Lok fallen lassen! „Ach du bist's, der Elefant!", ruft es erleichtert, als es sich umdreht. „Komm, hüpf schnell in meinen Rucksack!"

„Oh, ist der süß!", ruft Rabea wenig später, als sie gerade einen Stoffhasen einpacken will. Da flüstert ihr das Häschen ins Ohr: „Spielst du ein bisschen mit mir?" Rabea nickt begeistert und fliegt mit ihm durchs ganze Zimmer. „Hui, das macht Spaß!", jauchzen beide.

Dann bemerkt Rabea den vorwurfsvollen Blick des Christ-

kinds und sagt zum Hasen: „Ich glaube, ich muss wieder Geschenke einpacken!" Eine Weile lang arbeiten die beiden angestrengt, dann ruft das Christkind: „Geschafft! Das letzte Geschenk ist im Rucksack! Es kann losgehen!"

„Flieg bitte los und sag noch ein paar anderen Engeln Bescheid!", ruft das Christkind Rabea zu. „Die Kinder haben sich in diesem Jahr so viel gewünscht, zu zweit schaffen wir es nicht, alle Geschenke auf die Erde zu bringen!"

Im Nu hat Rabea ihre Freundinnen zusammengetrommelt. Alle ziehen noch Mütze, Schal und warme Schuhe an, denn das Christkind hat Rabea erzählt, dass es auf der Erde im Winter ziemlich kalt werden kann. Und tatsächlich! Je näher die Engel der Erde kommen, umso stärker fängt es an zu schneien.

Kurz bevor sie die erste Stadt erreichen, ruft das Christkind: „Wartet! Jeder von euch nimmt sich nun ein Geschenk aus dem Rucksack, liest, für wen es bestimmt ist, und wirft es dann durch den Schornstein ins Haus."

Schon sausen die Engelchen los und beginnen mit dem Verteilen. „Das ist lustig!", ruft Rabea und lässt ein Päckchen durch den Schornstein plumpsen.

„Was in diesem Paket wohl drin ist?", will ein anderer Engel wissen und schüttelt es neugierig hin und her. „Ob ich einen kleinen Blick hineinwerfen darf?", fragt er und zieht gleich an der Schleife. „Was machst du denn da?", hört er die entsetzte Stimme von Rabea. „Das Geschenk ist doch nicht für dich! Und außerdem haben wir uns so viel

78

Mühe mit dem Einpacken gegeben!" – „Oh", macht der Engel nur und bindet schnell eine neue Schleife.
Wenig später kommt Rabea mit einem riesigen Paket zum Christkind geflogen und sagt: „Kannst du mir helfen? Das

Geschenk hier ist viel zu groß! Es passt einfach nicht durch den Schornstein." – „Hmmm!" Nachdenklich kratzt sich das Christkind an der Stirn. „Das wird wahrscheinlich die riesige Lokomotive für Laura sein! Was machen wir nur damit?"

Da kommt dem Christkind eine Idee: „Am besten, wir sehen gemeinsam nach, ob wir vielleicht durch ein Fenster ins Haus schlüpfen und das Geschenk gleich unter den Christbaum legen können. Aber warte, es fehlt nur noch ein Haus, dann haben wir alle Geschenke verteilt. Ich hole schnell das letzte, ich glaube, es ist das Modellboot, das Felix sich gewünscht hat."

Das Christkind fliegt zu seinem Rucksack zurück. Von weitem beobachtet Rabea, wie es laut „Nanu!" und „Das gibt's doch gar nicht!" ruft und dann aufgeregt zu den anderen Engeln fliegt.

„Hat einer von euch vielleicht das Geschenk für Felix gesehen?", ruft das Christkind und wühlt in den Rucksäcken herum. Als die Engel nur den Kopf schütteln, sagt das Christkind: „Ich bin mir sicher, dass ich Felix' Modellboot in der Himmelswerkstatt noch gesehen habe! Hoffentlich hat keiner von uns die Geschenke der Kinder verwechselt und sie in den falschen Schornstein geworfen!" – „Vielleicht haben wir auch nur vergessen, das Geschenk mitzunehmen!", ruft Rabea dazwischen. „Hmmm, stimmt!", gibt das Christkind zu. „Dann bleibt uns wohl nichts anderes übrig, als noch einmal in unsere Himmelswerkstatt zurückzufliegen und es zu suchen. Aber wir müssen uns beeilen, es ist schon spät und Felix wartet bestimmt auf sein Geschenk!" Schnell machen sich die Engel auf den Weg.

Kaum sind sie im Himmel angelangt, stürmen alle in die Werkstatt. Rabea entdeckt das Modellboot als Erste: „Dort ist es!", schreit sie und deutet in die hinterste Ecke des Zimmers. Erleichtert fliegt das Christkind hin und holt das Päckchen. „Das ist ja gerade noch einmal gut gegangen", seufzt es, „nicht auszudenken, was passiert wäre, wenn das Geschenk tatsächlich verloren gegangen wäre!"

Frohen Mutes, aber erschöpft von der Aufregung fliegen die Engel wieder auf die Erde zurück und werfen Felix' Geschenk durch den Schornstein.

„Oh, seht nur, da ist ein Weihnachtsmarkt!", ruft einer der Engel. „Lasst uns dort eine kleine Pause einlegen", sagt ein anderer.

Die Engel lassen sich auf den verschneiten Dächern der Buden nieder und beobachten das bunte Treiben.

„Wie gut es hier riecht!", staunt Rabea. „Ja", stimmt das Christkind zu, „überall duftet es nach einem Gemisch von frisch geschnittenen Tannenbäumen, Glühwein, Lebkuchen

und Würstchen. Am liebsten würde ich jetzt auch etwas essen!"

Plötzlich ist auf dem Weihnachtsmarkt lautes Gebell zu hören. Der kleine Engel, der auf dem Dach der Würst-

chenbude sitzt, erschrickt: Hat ihn der Hund etwa entdeckt? Er bellt genau zu ihm hinauf. Unsicher schielt der Engel zum Christkind hinüber, doch das ruft lachend: „Der Hund hat doch nur Hunger auf eine gegrillte Wurst!"

Rabeas Blick fällt auf den Spielzeugstand. „Sieh mal", sagt sie zum Christkind, „die Sachen dort sehen ja fast so aus wie die Geschenke bei uns in der Himmelswerkstatt!" Im selben Moment bekommt sie einen Riesenschreck. „Die Lokomotive!", ruft sie laut. „Sie passte doch nicht durch den Schornstein von Lauras Haus. Wir haben vergessen, sie unter den Christbaum zu stellen! Was machen wir denn jetzt nur?" – „Oh nein!", ruft auch das Christkind. „Vor lauter Sorge um das vermisste Geschenk von Felix haben wir die Lok ganz vergessen. Also nichts wie los, vielleicht schaffen wir es noch rechtzeitig!"

So schnell wie möglich fliegen die Engel zu Lauras Haus. Vorsichtig späht das Christkind durch alle Fenster.

„Wir haben Glück!", flüstert es dann den anderen Engeln zu. „Im Wohnzimmer ist niemand und eines der Fenster ist angelehnt! Am besten, ihr wartet hier draußen und nur Rabea und ich gehen rein, sonst machen wir zu viel Lärm!"

Die beiden Engel schlüpfen durch das Fenster. „Sieh nur, Christkind, der Weihnachtsbaum ist ja noch gar nicht geschmückt!", ruft Rabea. „Stimmt!", antwortet es. „Aber schau, dort steht eine Kiste mit Strohsternen und Christbaumkugeln. Schmück du doch den Baum, Rabea, während ich die Geschenke darunter lege!"

Beide Engel arbeiten eifrig, da fällt mit lautem Krach eine

der Christbaumkugeln zu Boden. Erschrocken sehen sich die Engel um. Werden sie wohl gleich entdeckt?
Für einen Moment spitzen sie die Ohren, doch alles bleibt ruhig. Erleichtert atmen beide auf.

Während die Engel den Christbaum schmücken, hat sich die ganze Familie im Nebenzimmer versammelt.

„Opa, wann dürfen wir denn endlich ins Wohnzimmer?", will Laura wissen. „Mami, war das Christkind schon da?", fragt auch Lauras Bruder Tobias.

„Ich glaube, wir müssen noch ein wenig warten", ruft der Opa, „kommt, ihr zwei, ich lese euch inzwischen noch eine schöne Geschichte vor! Wollt ihr die von den fleißigen Weihnachtsengeln hören?" – „Au ja!", antworten Laura und Tobias im Chor und stürmen zum Sofa.

Dann erfahren sie, welche Aufgaben die Engel jedes Jahr an Weihnachten zu erfüllen haben: Zuerst sammeln sie die Wunschzettel der Kinder ein, dann basteln sie in der Himmelswerkstatt die Geschenke und an Heiligabend werden sie schließlich verteilt.

„Und die Geschenke kommen wirklich durch den Schornstein ins Haus?", fragt Tobias ungläubig.

„Pssst! Seid mal alle still!", flüstert Laura plötzlich. „Kommt da nicht ein Rascheln aus dem Wohnzimmer?"

„Aber nein!", lacht der Opa. „Das waren bestimmt nur die beiden Kätzchen!" Dann will er weiterlesen, doch Laura und Tobias hören nicht mehr richtig zu.

„Ob mir das Christkind wohl wirklich eine Lokomotive bringt?", fragt Laura. „Und mir meinen Teddy?", fragt

Tobias. In diesem Augenblick klingelt ein Glöckchen. Sofort stürmen beide Kinder ins Wohnzimmer. Als sie den geschmückten Baum und die Geschenke sehen, jubeln sie: „Kommt schnell, das Christkind war da!"

Macht hoch die Tür

Macht hoch die Tür, die Tor'— macht weit; es kommt der Herr der Herr—-lich-keit, ein Kö-nig al—-ler Kö—-nig-reich', ein Hei-land al—-ler Welt— zu-gleich, der Heil und Le-ben mit— sich bringt, der hal-ben jauchzt, mit Freu—-den singt: Ge-lo-bet sei mein Gott, mein Schöp-fer, reich— an Rat.

Weihnachtswunder

Vom Himmel in die tiefsten Klüfte
ein milder Stern herniederlacht.
Vom Tannenwalde steigen Düfte
und hauchen durch die Winterlüfte
und kerzenhelle ist die Nacht.

Mir ist das Herz so froh erschrocken.
Das ist die liebe Weihnachtszeit!
Ich höre fernher Kirchenglocken
mich lieblich heimatlich verlocken
in märchenstille Herrlichkeit.

Ein frommer Zauber hält mich wieder.
Anbetend, staunend muss ich stehen.
Es sinkt auf meine Augenlider
ein goldener Kindertraum hernieder.
Ich fühl's: Ein Wunder ist geschehen.

Schmuck für Geschenke

Eine Prachtschleife

Du wickelst ein Band mehrere Male um ein Brettchen, streifst es ab und bindest es in der Mitte mit einem Faden zusammen. Breites oder sprödes Band schneidest du etwas

 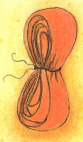  

ein. Über den Faden knotest du ein Stück Band und ziehst die Schleife zu einer Rosette auseinander.

Geschenkanhänger

So ein Anhänger sieht auch am Weihnachtsbaum sehr hübsch aus. – Du brauchst dafür Springerle-Formen und weiße, brennbare Modelliermasse. Man bekommt sie in Papier- und Bastelläden. Du feuchtest die Springerle-Form innen an und drückst die Modelliermasse hinein. Durch das Anfeuchten lässt sich die Masse leicht wieder aus der Form lösen. Nun hat die Modelliermasse eine hübsche Form bekommen, zum Beispiel ein Herz wie auf unserer Abbildung. Dieses Herz legst du in den Backofen und lässt es härten. Wie das gemacht wird, steht auf der Gebrauchsanweisung, die der Masse beiliegt.

Wenn das Herz nach dem Härten wieder ausgekühlt ist, bemalst du es mit Temperafarben und überziehst es, wenn die Farben trocken sind, mit einem farblosen Lack.

Es ist ein' Ros entsprungen

1. Es ist ein' Ros entsprungen aus einer Wurzel zart,
Und hat ein Blümlein 'bracht, mitten im kalten Winter, wohl zu der halben Nacht.
wie uns die Alten sungen, von Jesse kam die Art.

2. Das Röslein, das ich meine,
davon Jesaja sagt,
hat uns gebracht alleine
Marie, die reine Magd;
aus Gottes ew'gem Rat
hat sie ein Kind geboren
wohl zu der halben Nacht.

Weihnachtsbäckerei

Möchtest du noch ein paar Plätzchen backen? Hier ist ein schnelles Rezept:

Nusshäufchen
Als Zutaten brauchst du:
2 Eiweiß, 185 g Zucker, 5 g Zimt, 125 g gemahlene Haselnusskerne, Backoblaten
Backtemperatur: 150 Grad (vorheizen!)

Zum Eiweiß in der Schüssel schüttest du ein Drittel der Zuckermenge. Rühre es mit dem Mixer zu steifem Schnee. Dann nimmst du einen Rührlöffel und hebst damit den restlichen Zucker, den Zimt und die Haselnüsse vorsichtig unter.
Nun legst du ein Backblech mit den Backoblaten aus. Darauf setzt du kleine Häufchen von dem Teig. Anschließend kommt das Blech in die Backröhre. Die Plätzchen werden dort ungefähr 35 Minuten lang gebacken.

Übrigens: Die Oblaten sind wichtig. Sie sorgen dafür, dass der Teig beim Backen nicht davonfließt. Außerdem bewirken sie, dass die Plätzchen schön saftig bleiben.

Hirtenlied

Ihr Hirten, geschwind,
kommt, singet dem Kind.
Blast in die Schalmeien,
sein Herz zu erfreuen.
Auf, suchet im Feld
den Heiland der Welt.

Ihr Hirten, erwacht,
seid munter und lacht.
Die Engel sich schwingen
vom Himmel und singen:
Die Freude ist nah,
der Heiland ist da.

Sie hörten das Wort
und eilten schon fort.
Sie kamen in Haufen
im Eifer gelaufen
und fanden da all
den Heiland im Stall.

Alle Jahre wieder

1. Al - le Jah - re wie - der kommt das — Chris - tus - kind
auf die Er - de nie - der, — wo wir — Men - schen sind.

2. Kehrt mit seinem Segen
ein in jedes Haus,
geht auf allen Wegen
mit uns ein und aus.

3. Ist auch mir zur Seite
still und unerkannt,
dass es treu mich leite
an der lieben Hand.

Wir basteln

Lustige Pflaumenmänner

1. Zuerst werden zwei Drähte miteinander verbunden.

2. Große, gedörrte Pflaumen werden auf den Drähten aufgereiht. Die Drahtenden biegst du nach innen. Für den Leib kannst du statt Pflaumen auch Feigen verwenden.

3. Dann klemmst du die obere Drahtschlinge in eine Nuss, auf die du zuvor ein Gesicht gemalt hast.

4. In eine Holzscheibe bohrst du vier Löcher und befestigst die Figur mit Blumendraht.

Zubehör

Übertrage die Schnittmuster für Zylinder, Mütze und Kragen auf Filz. Für den Zylinder rollst du Z1 und klebst es zusammen. Z2 wird darauf gesetzt und der Rand Z3 unten an der Röhre befestigt. Den Schirm faltest du aus Papier, das in der Mitte gegen einen Draht geklebt wird.

Der Schornsteinfeger trägt ein Marzipanschwein, der Kavalier einen Regenschirm.

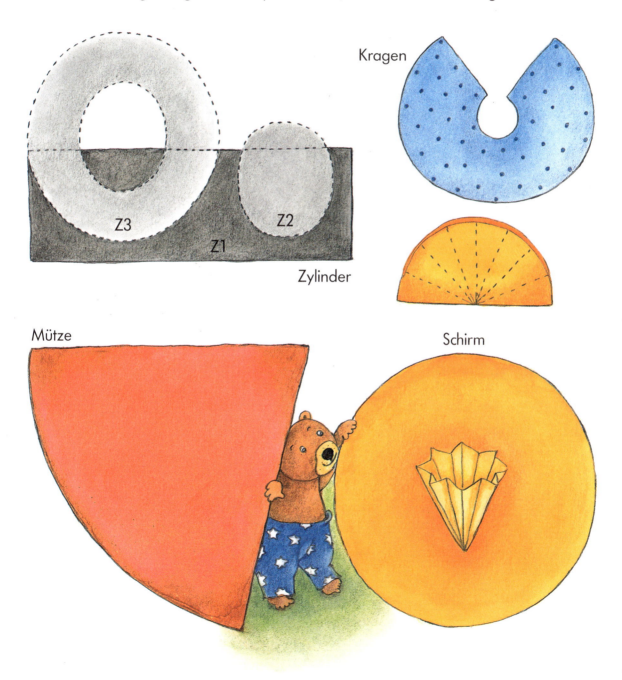

Vom Himmel hoch, o Englein, kommt

1. Vom Him—-mel hoch, o Eng—-lein, kommt! Ei - a, ei - a, Su - sa - ni, Su - sa - ni, Su - sa - ni. Kommt, singt und klingt, kommt, pfeift— und tromp't! Hal - le—-lu - ja, hal - le - lu - ja, von Je—-su singt— und Ma - ri - a!

2. Kommt ohne Instrumente nit.
Bringt Lauten, Harfen, Geigen mit!

3. Lasst hören euer Stimmen viel
mit Orgel und mit Saitenspiel!

4. Singt Fried den Menschen weit und breit.
Gott Preis und Ehr in Ewigkeit!

Weihnachtsabend

Das Christkind hat an alles gedacht
und Nützliches und Schönes gebracht.
Da seht ihr Trommeln, Soldaten und Blei,
auch eine Fahne hängt nebenbei.
Seht Häuser von Pappe mit rotem Dach
und drin ein zierliches, kleines Gemach.
Seht Schuhe und Kleider und Tücher und Hut,
gewiss, das steht zu dem Feste gut.
Auch Teller und Töpfe von blankem Zinn
und Pfefferkuchen und Mandeln darin!
Hier Peitschen und Wagen, ein Pferdchen gar wild,
dort zum Zusammensetzen ein Bild.
Auch herrliche Bücher sind aufgestellt;
von tausend Lichtern ist alles erhellt.
Doch nur von den schönen Sachen bekommt,
wer artig war, verträglich und fromm,
wer folgsam den guten Eltern war
und fleißig gelernt hat in diesem Jahr,
wer oft an den lieben Gott gedacht,
dem hat das Christkind viel Schönes gebracht!

Weihnachtsbäckerei

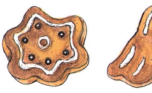

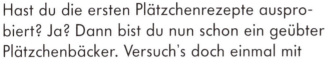

Hast du die ersten Plätzchenrezepte ausprobiert? Ja? Dann bist du nun schon ein geübter Plätzchenbäcker. Versuch's doch einmal mit

Zimtplätzchen
Dazu brauchst du:
300 g Mehl, 175 g Butter, 80 g Zucker,
1/2 Teelöffel Zimt, 2 Eier, 1 Eigelb, 2 Esslöffel Butter
Backtemperatur: 180 Grad (vorheizen!)

Gib alle Zutaten auf ein Brett und bereite daraus mit den Händen einen Teig. Anschließend stellst du den Teig eine halbe Stunde lang kalt. Danach rollst du ihn dünn aus. Nun brauchst du Förmchen. Du stichst damit Plätzchen aus und legst sie auf ein gefettetes Blech. Jetzt gibst du die Butter in ein Pfännchen und zerlässt sie. Mit einem Pinsel bestreichst du damit die Plätzchen und schiebst sie dann in den Backofen. Nach ungefähr 10 Minuten sind sie fertig. Hoffentlich schmecken sie dir!

Süßer die Glocken

Sü - ßer die Glo-cken nie klin-gen als zu der Weih - nachts - zeit,
's ist, als ob En - ge-lein sin - gen wie-der von Frie-den und Freud,
wie sie ge-sun-gen in se - li-ger Nacht, wie sie ge-sun-gen in se - li-ger Nacht.
Glo-cken mit hei - li - gem Klang, klin - get die Er - de ent - lang.

Der riesengroße Nikolausstrumpf

Laura und Florian sitzen gerade am Frühstückstisch, als die Mutter ruft: „Sagt mal, ihr zwei, wisst ihr überhaupt, was morgen für ein Tag ..." – „Natürlich!", plappert Florian aufgeregt dazwischen. „Morgen ist Nikolaustag!"

„Stimmt genau, du Schlaumeier", antwortet die Mutter, „vergesst also nicht, eure Nikolausstrümpfe heute Abend vor dem Schlafengehen an die Tür zu hängen!" Florian ist entrüstet: „Aber Mami – als ob ich so etwas Wichtiges vergessen könnte! Da hab ich mich doch schon sooo lange drauf gefreut!" Die Mutter lacht und sagt: „Beeilt euch lieber, sonst kommt ihr noch zu spät in die Schule!"

Im Unterricht kann sich Florian heute gar nicht richtig konzentrieren. „Wenn es doch nur schon morgen wäre!", denkt er die ganze Zeit.

Nach der Schule verzieht er sich schnell ins Kinderzimmer. „He, Laura! Soll ich dir sagen, was ich mir vom Nikolaus alles wünsche?", fragt er und fängt schon an aufzuzählen: „Inliners, einen Fahrradhelm und einen neuen Schulranzen." – „Was?", ruft Laura entsetzt. „Ist das nicht ein

bisschen viel? Und außerdem: Wie soll denn das alles in deinen kleinen Nikolausstrumpf passen?"
Nachdenklich kratzt sich Florian am Kopf. „Stimmt! Daran hab ich noch gar nicht gedacht! Aber mir wird schon

was einfallen!" Wenig später sieht Laura, wie Florian aufgeregt unter seinem Bett etwas sucht. „Hier! Das ist die Lösung!", ruft er ihr triumphierend zu. Neugierig kommt Laura näher. Florian hat seinen alten Schlafsack in der Hand und erklärt: „Ganz einfach! Ich mach aus meinem Schlafsack einen riesigen Nikolausstrumpf. Da passen bestimmt alle Geschenke hinein! Komm, hilf mir, Laura, dann geb ich dir auch was ab!" – „Ich weiß nicht", ruft Laura kopfschüttelnd, „du kannst mal wieder nicht genug kriegen!" Doch bald hat Florian sie überredet und gemeinsam versuchen sie, den Schlafsack in einen Riesenstrumpf zu verwandeln.

Nach dem Abendessen sitzen Laura und Florian noch immer über dem Schlafsack. „Nur gut, dass ich in der Schule schon etwas nähen gelernt habe!", sagt Laura. „Wie wär's, wenn du es selbst mal versuchst? Ich werd langsam müde und will schlafen!" – „Ach komm, Laura, wir sind doch bald fertig!"

In diesem Moment öffnet sich die Kinderzimmertür und die Mutter erscheint. „Hab ich da etwa noch Stimmen gehört?", ruft sie. „Sagt bloß, ihr seid noch nicht im Bett! Wisst ihr überhaupt, wie spät es ist?" – „Ja, gleich, Mami, in fünf Minuten machen wir das Licht aus, versprochen!", rufen Laura und Florian im Chor.

Als sich daraufhin die Tür wieder schließt, atmen die beiden erleichtert auf. „Puh", stöhnt Florian, „das ist ja gerade noch mal gut gegangen! Jetzt aber nichts wie los ... wir müssen die Strümpfe an die Tür hängen, sonst war die ganze Mühe umsonst!" Stolz schleppt Florian seinen Riesensack bis zur Kinderzimmertür.

„War das nicht eine super Idee von mir?", fragt er seine Schwester. „Wenn es tatsächlich klappt, können wir dir nächstes Jahr auch so einen großen Strumpf schneidern." Doch Laura ist noch skeptisch: „Freu dich lieber nicht zu früh. Wer weiß, ob der Nikolaus da überhaupt mitmacht!"

„So, geschafft!", ruft Florian siegessicher. „Mein Sack hängt! Ich bin ja schon so auf morgen gespannt!"

Laura muss kichern, als sie den Riesenstrumpf an der Tür baumeln sieht, und auch Schnurri, das Kätzchen, schaut ganz verwundert drein.

Dann fällt Laura ein: „Der Schlafsack versperrt ja die ganze Tür! Hoffentlich bekommt der Nikolaus sie über- haupt auf, sonst bleibt auch mein Strumpf leer!" – „Nein, nein", beruhigt sie Florian, „keine Angst, dafür sorg ich schon!" und grinst. Noch hat er Laura nicht von seinem Plan erzählt ...

„Hua, bin ich müde!", gähnt Laura und kurz darauf liegt sie auch schon im Bett.

Aber Florian kann und will nicht einschlafen. Er liegt auf- geregt im Dunkeln und flüstert: „Psst, Laura, schläfst du schon?" Doch Florian bekommt keine Antwort. „Dann bleib ich eben alleine wach und warte auf den Nikolaus!",

denkt er sich. Leise kichert Florian vor sich hin. Wie werden morgen alle staunen über seine schlaue Idee: Laura, seine Eltern und vor allem seine Schulkameraden. Ja, die werden vielleicht Augen machen!

Von Zeit zu Zeit bildet sich Florian ein, ein leises Knacksen oder ein entferntes Klingen zu hören. Jedes Mal denkt er: „Jetzt ist es so weit. Das wird der Schlitten vom Nikolaus sein."

Doch so sehr er seine Ohren auch spitzt, im Kinderzimmer ist weit und breit kein Nikolaus zu sehen. Schließlich schläft Florian ein und träumt von vielen riesengroßen Nikolausstrümpfen, die alle mit Fahrradhelmen und neuen Büchertaschen in die Schule radeln.

Weit nach Mitternacht öffnet sich langsam das Fenster im Kinderzimmer und der Nikolaus späht vorsichtig hinein. Nachdem er sich versichert hat, dass beide Kinder tief schlafen, begutachtet er die Strümpfe.

„Nanu", wundert er sich, „was ist denn das? Ein Nikolausstrumpf ist es nicht, dafür ist er zu groß. Oder ist er etwa für beide Kinder gedacht? Aber nein, das kann es auch nicht sein, denn daneben hängt ja noch Lauras kleiner Strumpf. Hmmm ..." Nachdenklich zupft der Nikolaus an seinem langen Bart, dann dreht und wendet er den Sack in alle Richtungen.

Plötzlich kommt ihm eine Idee: „Natürlich!", denkt er sich. „Warum bin ich nicht gleich darauf gekommen! Der Sack ist ein Geschenk an mich. Vielleicht hat sich Florian letztes Jahr so über meine Mitbringsel gefreut, dass er mir dieses

Jahr auch was schenken will!" Begeistert kriecht der Nikolaus in den Schlafsack. „Huu, da ist es ja schön kuschelig und warm. Bestimmt hat Florian daran gedacht, dass ich beim Geschenkeverteilen immer sehr lange

113

Strecken auf dem Schlitten zurücklegen muss. Der Schlafsack wird mich vor dem eisigen Wind schützen!"

Vor lauter Freude fängt der Nikolaus an, ein Lied zu summen, doch plötzlich hält er inne. Fast hätte er vergessen, dass er in einem Kinderzimmer war. Hat er Laura und Florian etwa schon aufgeweckt?

Vorsichtig schleicht er sich an die Betten heran. Welch ein Glück: Beide Kinder schlafen noch tief und fest.

Doch auf einmal hört der Nikolaus ein Röhren hinter sich und er dreht sich erschrocken um. „Was machst du denn so lange da drin?", fragt das Rentier. „Wir müssen doch heute Nacht noch zu so vielen anderen Kindern!"

„Du hast Recht", antwortet der Nikolaus, „vor lauter Freude hab ich die Zeit vergessen. Sieh nur – das ist mein neuer Schlafsack!" Doch das Rentier scharrt nur ungeduldig im Schnee.

Schnell verteilt der Nikolaus die Geschenke. „Eine Laterne und eine Kasperlefigur für Laura und einen Fahrradhelm für Florian", murmelt er leise vor sich hin. „Und weil Florian heute so nett war, schenk ich ihm noch ein Spielzeugauto dazu."

Da bemerkt der Nikolaus, dass für Florian gar kein Strumpf mehr da ist. Kurzerhand zieht er seinen eigenen aus und versteckt Florians Geschenke darin.

„Bestimmt wird sich Florian über den echten Nikolausstrumpf freuen und ich steck meinen nackten Fuß einfach in den neuen Schlafsack!" Zufrieden verlässt der Nikolaus das Haus.

„Schnell, wach auf, Florian, der Nikolaus war da!", ruft Laura am nächsten Morgen.

Florian reibt sich verschlafen die Augen. Sein erster Gedanke ist: „O nein, ich bin gestern Nacht doch eingeschlafen ... jetzt hab ich alles verpasst!"

Aber seine Neugier holt Florian blitzschnell aus dem Bett. Er rennt zum Kleiderhaken an der Zimmertür ... doch was ist das? Statt dem Riesenstrumpf hängt eine kleine Socke an der Tür!

Enttäuscht nimmt Florian den Strumpf und setzt sich zu seiner Schwester auf den Fußboden. Die versucht ihn zu trösten: „Aber Florian, das ist doch nicht so schlimm, all die anderen Kinder haben doch auch nur so einen kleinen Strumpf bekommen. Warum sollte der Nikolaus bei dir eine Ausnahme machen?" – „Hmmm", brummt Florian immer noch verärgert, „wenn ich heute Nacht bloß nicht eingeschlafen wäre!" – „Ach komm schon, Florian", ruft Laura und wird langsam ungeduldig, „heute ist Nikolaustag! Willst du etwa den ganzen Tag so schlecht gelaunt sein? Hast du denn überhaupt schon nachgesehen, was in deinem Strumpf steckt?"

Florian schüttelt den Kopf. „Sieh nur all die schönen Sachen an, die ich bekommen hab. Wenn du willst, kannst du auch damit spielen!", bietet Laura großzügig an

116

und schenkt ihrem Bruder gleich ein paar von ihren Nüssen und Früchten. Zögernd packt Florian seine Geschenke aus. Als er den Fahrradhelm entdeckt, fangen seine Augen wieder an zu strahlen.

„Mann, der ist ja toll! So einen schönen hab ich noch nie gesehen! Um den werden mich bestimmt alle beneiden. Schau doch mal her, Laura!" Seine Schwester lacht und denkt: „Juhu! Der Nikolaustag ist gerettet!"

Es weihnachtet sehr

Der erste Sonntag im Advent,
am Kranz heut eine Kerze brennt,
bald leuchten zwei, bald drei, bald vier
und bei dem Lichtschein singen wir
schon jetzt die ersten Weihnachtslieder,
denn bald kommt ja das Christkind wieder.

Was wird es uns von all den Dingen,
die wir uns wünschen, diesmal bringen?
Georg wünscht' sich ein Würfelspiel,
dem Fritz ein Roller gut gefiel',
und Ute fände es sehr nett,
bekäme sie ein Puppenbett.

Was sonst noch gern wir möchten haben
an großen und an kleinen Gaben
zum Fahren, Kochen, Malen, Bauen,
das könnt ihr hier im Bilde schauen.

Und wie viel Spielzeug ist entzwei!
Der Teddybär ist auch dabei,
verloren hat der arme Tropf
nicht bloß ein Bein, nein, auch den Kopf!
Dem Lieferwagen fehlt – wie schad –
der Blinker und ein Hinterrad.
Das Eselchen hat keinen Schwanz.
Wer macht nur alles wieder ganz?

Wir wollen mal das Christkind fragen,
zugleich ihm unsre Wünsche sagen.
Zu diesem Wunschbrief nehmen wir
das allerschönste Blatt Papier.
Georg, der Älteste, fängt an,
weil er schon richtig schreiben kann,
und Fritz malt dann geschickt und munter,
was er sich wünscht, mit Buntstift drunter.

Zum Schluss rahmt Ute – seht, wie fein! –
mit Tannengrün das Ganze ein.
Den Brief, vors Fenster nachts gelegt,
ein Englein dann zum Christkind trägt.

Wo ist denn unser Spielzeug hin?
In unserm Schrank ist nichts mehr drin.
Verschwunden ist das Eselein –
und wo mag wohl der Teddy sein?
Ob wohl ein Englein unsre Sachen
geholt hat, um sie heil zu machen?

Nun ist der Weihnachtsabend da,
und was in Bethlehem geschah
in dieser feierlichen Stund,
das tut uns hier die Krippe kund,
die Vater für uns aufgebaut.
Drin liegt das Christkind, kommt und schaut!

Darüber strahlt der Lichterbaum
und unsre Augen fassen kaum,
was uns zum Christfest wird beschert.
Das Spielzeug ist zurückgekehrt!
Die Englein haben's heil gemacht,
manch neues noch dazugebracht.

Stille Nacht

1. Stil - le Nacht, hei - li - ge Nacht! Al - les schläft, ein - sam wacht nur das trau - te, hoch - hei - li - ge Paar, hol - der Kna - be im lo - cki - gen Haar, schlaf in himm - li - scher Ruh, schlaf in himm - li - scher Ruh!

2. Stille Nacht, heilige Nacht!
Hirten erst kundgemacht;
durch der Engel Halleluja
tönt es laut von fern und nah:
Christ, der Retter, ist da!
Christ, der Retter, ist da!

3. Stille Nacht, heilige Nacht!
Gottes Sohn, oh, wie lacht
Lieb' aus deinem göttlichen Mund,
da uns schlägt die rettende Stund,
Christ, in deiner Geburt!
Christ, in deiner Geburt!

Inhaltsverzeichnis

Seite

O Tannenbaum	6
Nuss-Säcklein	8
Der müde kleine Weihnachtsengel	9
Morgen, Kinder, wird's was geben	22
Schmuck für dein Fenster: Transparentstern	24
Am Weihnachtsmorgen	25
Josef, lieber Josef mein	26
Weihnachtsbäckerei: Lebkuchen	28
Lasst uns froh und munter sein	30
Wer bastelt mit? Glitzersterne, Zapfen- und Nussmännchen	32
Am Weihnachtsbaum die Lichter brennen	34
Weihnachtsbäckerei: Gewürztaler	36
Nikolaussprüche	37
Ihr Kinderlein, kommet	38
Geschenke – hübsch verpackt	40
Wo bleibt denn nur der Weihnachtsmann?	41
O du fröhliche	54
In dulci jubilo	56
Weihnachtsbäckerei: Spitzbuben	58
Wir basteln Weihnachtsschmuck: Gewürztaler	59
Kommet, ihr Hirten	60
Knecht Ruprecht	62
Leise rieselt der Schnee	64
Geschenke basteln und verpacken: Kerzenmanschette, Schneemann	66

	Seite
Der Traum	67
Kling, Glöckchen, klingelingeling	68
Weihnachtsbäckerei: Kokosmakronen, Vanillebusserl, Butterplätzchen	70
Still, still	72
Weihnachtsbastelei: Lustiger Weihnachtsmann	74
Viel Arbeit fürs Christkind	75
Macht hoch die Tür	88
Weihnachtswunder	90
Schmuck für Geschenke: Prachtschleife, Geschenkanhänger	91
Es ist ein' Ros entsprungen	92
Weihnachtsbäckerei: Nusshäufchen	94
Hirtenlied	95
Alle Jahre wieder	96
Wir basteln: Lustige Pflaumenmänner	98
Vom Himmel hoch, o Englein, kommt	100
Weihnachtsabend	102
Weihnachtsbäckerei: Zimtplätzchen	103
Süßer die Glocken	104
Der riesengroße Nikolausstrumpf	106
Es weihnachtet sehr	119
Stille Nacht	122